Stefan Graus

Zweisprachigkeit und Migration

GRIN Verlag

Bibliografische Information der Deutschen Nationalbibliothek:

Die Deutsche Bibliothek verzeichnet diese Publikation in der Deutschen National-
bibliografie; detaillierte bibliografische Daten sind im Internet über http://dnb.d-
nb.de/ abrufbar.

Impressum:

Copyright © 2013 GRIN Verlag GmbH
Druck und Bindung: Books on Demand GmbH, Norderstedt Germany
ISBN: 978-3-656-43321-7

GRIN - Your knowledge has value

Der GRIN Verlag publiziert seit 1998 wissenschaftliche Arbeiten von Studenten, Hochschullehrern und anderen Akademikern als eBook und gedrucktes Buch. Die Verlagswebsite www.grin.com ist die ideale Plattform zur Veröffentlichung von Hausarbeiten, Abschlussarbeiten, wissenschaftlichen Aufsätzen, Dissertationen und Fachbüchern.

Besuchen Sie uns im Internet:

http://www.grin.com/

http://www.facebook.com/grincom

http://www.twitter.com/grin_com

Zweisprachigkeit und Migration

Stefan Graus

Gliederung:

1. Begriffsbestimmungen

In Bezug auf den Begriff des Migrationshintergrundes zeigt sich die Definition als recht schwierig, da viele einzelne Grundfaktoren eine Rolle spielen und Kategorisierungen sich als nur bedingt zutreffend erweisen.

a Juristische Grundlage

Die juristische Grundlage bildet die Migrationshintergrund-Erhebungsverordnung MighEV.

„Ein Migrationshintergrund liegt vor, wenn

1. die Person nicht die deutsche Staatsangehörigkeit besitzt oder

2. der Geburtsort der Person außerhalb der heutigen Grenzen der Bundesrepublik Deutschland liegt und eine Zuwanderung in das heutige Gebiet der Bundesrepublik Deutschland nach 1949 erfolgte oder

3. der Geburtsort mindestens eines Elternteiles der Person außerhalb der heutigen Grenzen der Bundesrepublik Deutschland liegt sowie eine Zuwanderung dieses Elternteiles in das heutige Gebiet der Bundesrepublik Deutschland nach 1955 erfolgte." [1]

Diese Grunddefinition liegt auch den entsprechenden Zahlen des Statistischen Bundesamtes zugrunde und wird für die meisten staatlichen Statistiken zugrunde gelegt.

Kinder der **dritten und folgenden Generationen** werden nur dann erfasst, wenn sie noch bei ihren Eltern im Haushalt leben, da diese Eltern noch definitorisch einen Migrationshintergrund haben können, wenn sie z.B. die deutsche Staatsangehörigkeit nicht angenommen haben. Diese Generation finden wir heute in der Schule. In den Angaben des Statistischen Bundesamtes findet sich dazu folgende Bemerkung:

„Vertreter der 3. Generation sind nach wissenschaftlichen Studien aus allen klassischen Einwanderungsländern integrationspolitisch besonders „schwierig" [2]

Im Gegensatz zur 1. Und 2. Generation fällt es Angehörigen der Dritten Generation besonders schwer ihre eigene Identität zu finden. Sie sind meist vollständig in Deutschland sozialisiert und kennen ihr „Heimatland" nur aus Erzählungen oder dem Urlaub. Der Erwerb der Erstsprache ist häufig rudimentär und auf den Kontext in der eigenen Familie beschränkt.

Bei Besuchen im Herkunftsland werden sie als Deutsche wahrgenommen und sind auch oftmals kulturell fremd, in Deutschland sind sie aber weiterhin „Ausländer" und werden entsprechend betitelt. Dies führt häufig zu einer starken Isolation und dem Bilden eigener Subkulturen mit gleich Betroffenen.

Für die pädagogische Arbeit ist diese Definition wenig tauglich, da sie die individuellen Lernvoraussetzungen nicht erfasst und eine große, sehr heterogene Gruppe beschreibt, die weder

---

[1] Migrationshintergrund-Erhebungsverordnung vom 29. September 2010 (BGBl. I S. 1372) §6
[2] Vgl Statistisches Bundesamt 2010 S. 5

kulturell noch individuell vergleichbar ist und auch Personen mit dem gleichen familiären Hintergrund nach der Staatsangehörigkeit unterschiedlich betrachtet werden können.

b Pädagogische Grundlage

Aus diesem Grund wird oftmals im Zusammenhang mit der pädagogischen Arbeit der sprachliche Hintergrund als sinnvollere Alternative der Einschätzung herangezogen.

Hierbei hat sich eine Vielzahl von Begrifflichkeiten eingebürgert,

> *„Heimsprache, heritage language, Muttersprache, Erstsprache, Standardsprache, Staatssprache, community language, Eigensprache, Herkunftssprache, Bildungssprache, Minderheiten-/MigrantInnensprache, Schulsprache, Unterrichtssprache , Zweitsprache, Verkehrssprache, Familiensprache, Umgebungssprache, Fremdsprache, language(s) of education/schooling/school education[3]"*

die bereits auf den ersten Blick die Komplexität des Themas zeigt.

Viele Untersuchungen gehen hierbei von einer Zuordnung in Erst-, Zweit und Fremdsprachen aus, die bedeutet:

Erstsprache (Muttersprache) ist die Sprache die im familiären Umfeld im Rahmen eines natürlichen Spracherwerbs erworben wird.

Zweitsprache ist die Sprache die im weiteren Umfeld (z.B. Schule, Kindergarten) erworben wird und meist mit der Umgebungssprache gleich zu setzen ist. Hierbei läuft der Erwerb in natürlichen und regelhaft gelenkten Bahnen ab. Die Unterrichtssprache kann aufgrund ihrer Struktur durchaus davon abweichen. (Deutsch als Unterrichtssprache ist weitgehend nicht mit dem gesprochenen Deutsch der Umgangssprache gleich zu setzen)

Fremdsprache ist jede Sprache die im regelhaft gelenkten Sprachunterricht im Laufe des Lebens erworben wird.

Im Rahmen des Deutscherwerbs wird bei Kindern mit Migrationshintergrund meist vom Zweitspracherwerb ausgegangen. Allerdings ist dieser Begriff durchaus nicht eindeutig besetzt.

Zweitsprachen können schon im Elternhaus in der frühen Kindheit erworben werden oder auch erst in Rahmen des Schulunterrichts (DaF) erlernt werden. Daher ist eine differenzierte Betrachtungsweise notwendig im Blick auf:

- Erwerbsalter
- Lernen (im Unterricht) oder Erwerben (ohne Unterricht)
- Ist es reine Schul- /Unterrichtssprache oder Verkehrssprache?
- Welche Herkunftssprache spricht das Kind
  - Und in welchem Umfang beherrscht es diese? [4]
- Wie gut ist das Kind in die Umgebung integriert?

---

[3] Vgl Boeckmann 2008 S. 21
[4] Vgl. Boeckmann 2008

c Kinder mit Migrationshintergrund - wer ist damit gemeint?

Im Rahmen der Diskussion werden hier verschiedenste Personengruppen, mit vollkommen unterschiedlichen Voraussetzungen zusammengefasst.

Darunter fallen Kinder und Enkel der,

- Gastarbeiter der 60er und 70er Jahre
- Spätaussiedler, vor allem aus Osteuropa
- Flüchtlinge und AsylbewerberInnen
- MitbürgerInnen europäischer Länder,
- Multinationalen Ehen aber auch verstärkt
- jugendliche Flüchtlinge ohne Begleitung.

Genauso unterschiedlich wie die Gründe einer Einwanderung in Deutschland sind auch die Sprachvoraussetzungen der Kinder, auch wenn dies auf den ersten Blick kaum statistisch erkennbar ist.

Sie reicht von Kindern, die bei Beginn des Schulbesuchs die eigene Muttersprache nur unzureichend beherrschen und aus sprachlich und sozial schwierigen Verhältnissen stammen, bis zu Kindern, die 2 Muttersprachen in altersadäquater Form beherrschen und aus sprachlich wie sozial fördernden Elternhäusern stammen.

Die Bandbreite ist also in Kurzform dieselbe wie bei monolingual deutschsprachigen Kindern und wird nur um den Aspekt einer anderen/weiteren Muttersprache erweitert.

Daher ist es wichtig, neben der Freischaltung der fördernden Ressourcen, eine gute sprachliche Diagnostik (nicht zwangsläufig Deutschtests) zu Grunde zu legen. Dabei sollten die Fähigkeiten in der Erstsprache nach Möglichkeit mit erfasst werden. Dies kann meist nur in Zusammenarbeit mit den Eltern geschehen. Wichtig ist dabei diese als LernpartnerInnen zu gewinnen und die Diagnose in einer kompetenzorientierten Sichtweise zu gestalten. Defizitbeschreibungen schrecken eher ab und sind daher kontraproduktiv.

2. Rolle der Erstsprache

Die Erstsprache wird normalerweise durch den Umgang mit einem (mehreren) kompetenten Sprecher in der kindlichen Umgebung von Geburt an erworben. Meist ist dies die Muttersprache der Eltern.

Im Besonderen bei Kindern von Eltern mit Migrationshintergrund sind die Kenntnisse der Deutschen Sprache der Eltern nicht immer mit einem Muttersprachler gleich zu setzen. Daraus ergibt sich das Problem, dass Kinder, neben der kompetenten Muttersprache, Deutsch im direkten Umfeld nur unzureichend erwerben können. Die neuere

Sprachforschung zeigt, dass es daher sinnvoll ist, dass die Eltern die Sprache sprechen, die sie gut beherrschen und gleichzeitig dem Kind

- den Umgang mit einer deutschsprachigen Umgebung früh ermöglichen und
- durch das eigene Verhalten zu zeigen, dass ihnen Deutsch wichtig ist und sie es selbst erlernen wollen.

Für uns als Lehrkräfte bedeutet dies diese beiden Aspekte auch in der Schule sinnvoll einzubinden. Unter anderem kann dies auch durch Kurse wie „Mama lernt Deutsch" geschehen, bei denen die Kinder erleben, dass auch die Eltern Wert auf den Erwerb der Umgebungssprache legen.

a Interdependenztheorie

Die Erstsprache spielt beim Erwerb der Umgebungs- und Schulsprache eine zentrale Rolle.

Beim Eintritt in die Schule ist der Erstspracherwerb noch nicht abgeschlossen, sondern wird normalerweise kontinuierlich weiter entwickelt. Dies umfasst u.a. die Bereiche der Grammatik, des Wortschatzes und natürlich den Schriftspracherwerb.

Bei Kindern mit einer nicht deutschen Erstsprache findet diese Weiterentwicklung allerdings nicht statt, sondern oftmals wird er Erwerb der Sprache der Primärsozialisation abrupt beendet und findet auch zum Teil im häuslichen Umfeld verringert statt. Dies kann bei Kindern zu einem „Sprachschock" führen, der durch eine frühe Begleitung der Eltern möglichst zu vermeiden ist. Stattdessen findet der Erwerb eines elaborierten Sprachcodes auf der Zweitsprache, der Schulsprache statt.

Die Kinder fallen oft in der Alltagskommunikation nicht oder kaum auf, dass Defizit zeigt sich allerdings in der Schule häufig später, wenn die „kognitiv-akademischen sprachlichen Fähigkeiten"[5] in der Schule an Gewicht gewinnen.

Eisberg Modell von Cummins:

Doppel-Eisberg-Modell *der bilingualen Sprachprofizienz*

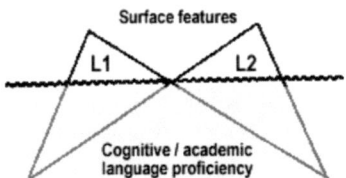

Sprachgebundene Oberflächenerscheinungen können nicht einfach in eine andere Sprache übertragen werden
Artikulationsmuster, grammatische Regelsysteme

Zugrundeliegende mentale Prozsse können in einer anderen Sprache verwendet werden
Lesende Sinnentnahme aus Texten[6]

---

[5] Vgl. de Cilia 2011 S. 4
[6] Vgl: http://spzwww.uni-muenster.de/griesha/sla/cummins/eisberg.html

Nach diesem Modell kann die Zweitsprache von einer vollständig erworbenen durch die Grundlage der Sprachen als Vorstellung der Welt profitieren, da „nicht nur eine bestimmte Sprache, sondern Sprache als solches erworben wird."[7]

Das bedeutet im Umkehrschluss auch, dass es bei einem unvollständigen Erstspracherwerb zu eingeschränkten akademischen Sprachfähigkeiten führen kann, die im Nachgang auch spätere Förderungen erschweren.

Unter anderem legt eine Studie[8] nahe, dass Erfahrungen in der Muttersprache gut in eine Zweitsprache transferiert werden können. Hierbei wurde Kindern mit türkischer Muttersprache eine Geschichte zum Nacherzählen gegeben. Diejenigen, die die Geschichte auf Türkisch erhielten konnten signifikant bessere Ergebnisse erzielen, als die, denen die Geschichte in Deutsch vorgelesen wurde, obwohl die Geschichte in Deutsch wiedergegeben werden musste.

Es lässt sich aus dieser und anderen Studien der Schluss ziehen, dass in der Muttersprache erworbene Fähigkeiten auch auf die Sprachproduktion in der Zweitsprache anwendbar werden und damit den Erwerb der Zweitsprache fördern.

> *„Die sprachlichen Fähigkeiten, die jemand in einer Zweit- oder Fremdsprache erreichen kann, sind zu einem wesentlichen Teil, von dem Niveau abhängig, das jemand in seiner Muttersprache erreicht hat."[9]*

b Sprachbarrierendiskussion

Im Rahmen der neueren Diskussionen zu Deutschgeboten an Schulen sei an dieser Stelle kurz die sogenannte Sprachbarrierendiskussion erwähnt, die hier oftmals als Grundlage der Entscheidungsfindungen dient.

Grundlage bilden Erkenntnisse, dass Kinder aus sozial unterem Milieu und aus dialektal geprägtem Elternhaus in der Schule benachteiligt sind. Wobei zu beachten ist, dass dies im Vergleich zu Kindern zu sehen ist, die aus mittelschichtgeprägten hochsprachlichen Elternhäusern stammen.

Die Diskussion setzt daher zwar an der sprachlichen Grundlage an, nennt aber die Ursachen an dieser Stelle nur unvollständig und ist vor allem für die Gruppe von Kindern mit fremder Muttersprache kaum nützlich, da die umgangssprachlichen Gepflogenheiten dem Sprachverständnis wenig nutzen, wenn nicht der Zweitspracherwerb gestützt und begleitet wird.

c (Doppelseitige) Halbsprachigkeit (Semilingualismus)

Vielmehr führen radikale Brüche in der eigenen Sprachproduktion tendenziell zu Problemen eines abgebrochenen Spracherwerbs. Viele Kinder und Jugendliche mit Migrationshintergrund verlieren

---

[7] Vgl. de Cilia 2011 S. 4
[8] Vgl. de Cilia 2011 S.5 , nach Rehbein, Jochen; Diskurs und Verstehen, Zur Rolle der Muttersprache bei der Textverarbeitung in der Zweitsprache; 1987
[9] de Cilia 2011, S. 3

den Kontakt mit gleichsprachigen, da sie in der Muttersprache nur unzureichend kommunizieren können.

Dies kann zum Kontaktabbruch mit Verwandten führen, da eine Alphabetisierung in der Erstsprache nicht oder nur unzureichend stattfindet. Viele Jugendliche empfinden dies als Identitätsverlust, der letztendlich ethnozentrierte Denkweisen fördert und eben auch zu einer Teilverweigerung des Zweitspracherwerbs führen kann. (Bsp. Türkdeutsch)

Der Begriff Halbsprachigkeit tritt häufig auf, wenn der Erwerb der Erstsprache nicht durch muttersprachlichen Unterricht und Förderung auch auf einem hochsprachlichen Niveau nach der Einschulung fortgesetzt wurde.

„Es handelt sich hierbei um eine steckengebliebene, unvollständige sprachliche Sozialisation, eine Zweisprachigkeit, bei der sich aufgrund eines ungünstigen Verlaufs weder die eine noch die andere Sprache, daher auch die Spracherwerbsfähigkeit nicht voll entwickeln konnte."[10]

3. „Es ist schwer nicht rassistisch zu sein"

- Interkulturelle Umgebung schaffen

Einer mehrsprachigen und kulturell vielfältigen Schülerschaft stehen die Lehrkräfte, meist Mitglieder der Mehrheitsbevölkerung, gegenüber und können daher die Probleme und Erfahrungen ihrer SchülerInnen nur bedingt nachvollziehen. Ein Problem das sich bei Zugehörigkeit zu sozial randständigen Gruppen noch verschärft. Es ist daher durchaus eine reale Schwierigkeit auf der einen Seite kulturelle und sprachliche Besonderheiten zu erkennen und in den Mittelpunkt des unterrichtlichen Interesses zu rücken und auf der anderen Seite diese Kinder nicht in der „Auslage" vorzuführen.

Kennt ein türkisches Kind die Türkei wirklich, oder nur in der idealisierten (oder grauenhaften) Überzeichnung der Eltern. Hat es überhaupt Interesse daran, oder vielleicht viel mehr an anderen Ländern?

Schnell treten wir in die Falle kulturelle Eigenheiten (oder Vorurteile) zu verallgemeinern. Daher ist es besonders wichtig zu erkennen, dass wir immer mit einzelnen Kindern und nicht mit Kulturen zu tun haben.

In Umfragen erzählen SchülerInnen meist weniger von direkten Diskriminierungen, aber nennen oftmals das Gefühl nicht dazu zu gehören, irgendwie anders zu sein, oder als Andere bezeichnet zu werden.[11]

In dieser Situation stellt sich für uns Lehrkräfte die Frage, wie hilfreiches Verhalten aussieht.

- Für eine offene Atmosphäre sorgen.
  - o Das bedeutet Fragen zu Herkunft und Wahrnehmung offen ansprechen und thematisieren, sie spielen eh eine wichtige latente Rolle

---

[10] De Cilia, 2011 S.4
[11] Vgl. Fleck S. 3

- Sich in Erinnerung halten, dass alle Anwesende Individuen sind
  - o Das bedeutet auch in auftretenden Konflikten keine vorschnellen Schlüsse zu ziehen
  - o SchülerInnen einladen in Steckbriefen etwas von sich zu erzählen das kulturell unterschiedlich sein kann
  - o Von der Herkunft nicht auf die Sprache und die Kultur schließen, da dies oftmals unterschiedlich sein kann. Auch andere Länder haben ihre eigenen kultruellen Minderheiten
- Einbeziehung anderer Kulturen in den Unterricht
  - o Kinderbücher mit Helden aus anderen Kulturen
  - o Sprachliche Besonderheiten und Gemeinsamkeiten hörbar machen, vllt. Auch im Unterricht zu Lautbildung
  - o Redewendungen, Sprichwörter und Gedichte mit einbeziehen, andere Sprechrhythmen können Freude bereiten und den eigenen Horizont erweitern.

a Selbstwahrnehmung MigrantInnen

„Wer sich nicht angenommen fühlt, zieht sich zurück"[12] und fällt gerne in die ihm zugewiesenen Rollen, da dieses Verhalten von ihm erwartet wird.

Gehen wir aufgrund eigener Unsicherheiten über die kulturelle Vielfalt unserer SchülerInnen aber hinweg, oder drängen wir sie in gut gemeinten Versuchen in stereotype Rollen riskieren wir die Förderung eines wachsenden Ethnozentrismus

Die Selbstwahrnehmung von Kindern und Jugendlichen wird über die eigene Lebenssituation und die gestellten Erwartungen stark geprägt. Daher ist es umso wichtiger allen Kindern eine individuelle und keine kulturell vorgeprägte Rückmeldung zu ihren Leistungen zu geben.

4. Konsequenzen für die Praxis:
- Intensivere Dokumentation
- Genaue Bedürfnisanalyse
- Materialentwicklung mit Blick auf die Erwerbskontexte
- Mehrsprachiges Lehr- und Lernpersonal bzw.
- Mehrsprachige Unterrichtsmedien und Angebote[13]
- Wertschätzende Elternarbeit
  - o Aufklären über die Wichtigkeit der Muttersprache
  - o Bilinguale Elternbriefe und –kontakte
  - o Bilinguale Bücher und Texte in der Schulbücherei
  - o Multinationaler Schulflur
- Die Verwendung der Muttersprache in Pause und Gruppenarbeiten zulassen und fördern

---

[12] Fleck S. 2
[13] Vgl.Boeckmann 2008

- Einige Floskeln der Herkunftssprachen der Kinder beherrschen und nutzen (evtl. Begrüßungen, Lieder)
- Gleichzeitiger Erstsprach- und Zweitspracherwerb behindern den Schulerfolg nicht
- Eine stabile Erstsprache ist eine wichtige Grundlage zum Erwerb weiterer Sprachen
- Die Fähigkeit der sprachlichen Analyse ist bei bilingualen Kindern höher
- Die sprachliche Kreativität wird gefördert
- Positive Einflüsse auf nonverbale und verbale Intelligenz wurden festgestellt
- Höhere Toleranz und geringere Anfälligkeit für Ethnozentrismus[14]
- Kinder in ihrer „Mehrfachzugehörigkeit stärken
- Sprachförderung als Stärkung des sprachlichen Selbstbewusstseins möglichst früh fördern
- Fördernde Sprachdiagnostik und Angebote die das language awareness[15] bei allen SchülerInnen fördern[16]

---

[14] Vgl. de Cilia 2011
[15] Kognitive Sprachaufmerksamkeit
[16] Vgl. Krumm 2006

5. Literatur:

- Boeckmann, Klaus-Börge: Drei Halbwahrheiten über Zweitsprachen. In: Erziehung und Unterricht, Nr. 1-2/2008.
- De Cilia, Rudolf; Spracherwerb in der Migration in Informationsblätter des Referats für Migration und Schule Nr. 03/2011 des Bundesministeriums für Unterricht, Kunst und Kultur
- De Cilia, Rudolf; Deutsch als Zweitsprache – Spracherwerb in der Migration In: tribüne 2/2006
- Education, Audiovisual & Culture Executive Agency; Integrating Immigrant Children into Schools in Europe; April 2009 Bericht für die Europäische Kommission
- Ehlers, Swantje: Lesen in der Zweitsprache und Fördermöglichkeiten. In: Deutschunterricht 47/2004.
- Fleck, Elfie, Interkulturalität in der Schule. Eine spannende Herausforderung; http://www.projekte-interkulturell.at/data/upload/docs/christlich-päd-blätter.pdf, 31.08.2012 20:00 Uhr
- Hoppe, Ralf; Deutsch gut bei Pause; In: Der Spiegel 5/2006
- Krumm, Hans-Jürgen: Pausenlos Deutsch – Sprachzwang und sprachliche Identität. In: tribüne 2/2006
- Mayer, Werner: Migrantenkinder – Bildungskarrieren. In: Erziehung und Unterricht, Nr. 3-4/2006.
- Migrationshintergrund-Erhebungsverordnung vom 29. September 2010 (BGBl. I S. 1372)
- Portas, Miguel; Bericht über die Integration von Auswanderern durch mehrsprachige Schulen und Unterricht in mehreren Sprachen, Bericht für den Ausschuss Kultur und Bildung des Europäischen Parlaments; 2005
- Spengler, Birgit; SprachSignale; Saarbrücken 2011
- Sinus Sociovision; Zentrale Ergebnisse der SINUS-Studie über Migrantenmillieus in Deutschland; 2008
- Statistisches Bundesamt; Fachserie 1, Reihe 2.2, Bevölkerung und Erwerbstätigkeit Bevölkerung mit Migrationshintergrund – Ergebnisse des Mikrozensus; 2010
- Strohmeier, Dagmar und Fricker, Anita; Inter kulturelles Lernen: Unbekanntes Schulprinzip oder gelebte schulische Praxis?; In: Erziehung und Unterricht 1-2/2007

Links zum Thema:

- http://www.sprachensteckbriefe.at/
- http://www.muttersprachlicher-unterricht.at
- http://sims.educanet2.ch/info/.ws_gen/ ← Materialien in verschiedenen Sprachen
- http://spzwww.uni-muenster.de/griesha/sla/cummins/eisberg.html